nach Alternativen und Reformen zu suchen, um ein gerechteres und stabileres Geldsystem zu schaffen, das die Bedürfnisse der Gesellschaft besser erfüllt.

## Kapitel 1: Die Evolution des Geldsystems

Die Geschichte des Geldes ist eine faszinierende Reise, die uns zeigt, wie sich die menschliche Gesellschaft im Laufe der Jahrhunderte weiterentwickelt hat. In diesem Kapitel werden wir einen Überblick über die Entwicklung des Geldsystems geben, angefangen beim primitiven Tauschhandel bis hin zur digitalen Ära von Kryptowährungen.

### 1.1 Der Tauschhandel

Die früheste Form des Handels war der Tauschhandel, bei dem Waren direkt gegen andere Waren getauscht wurden. Dies funktionierte jedoch nicht immer reibungslos, da es schwierig war, den genauen Wert der getauschten Güter zu bestimmen. Dies führte zur Entstehung von Geld als einem allgemein akzeptierten Tauschmittel.

### 1.2 Die Geburt des Geldes

Um die Probleme des Tauschhandels zu überwinden, entstanden die ersten Formen von Geld. Dies reichte von Waren, die einen intrinsischen Wert hatten, wie Vieh oder Edelmetalle, bis hin zu speziell geprägten Münzen, die als offizielle Zahlungsmittel akzeptiert wurden. Diese Entwicklung erleichterte den Handel erheblich.

### 1.3 Die Einführung von Banknoten

Mit der Zeit wurde der Handel komplexer, und es wurde schwierig, große Mengen von Münzen zu handhaben. Hier kamen Banknoten ins Spiel. Banken begannen, Papiergeld auszugeben, das gegen eine bestimmte Menge an Edelmetallen eingelöst werden konnte. Dies führte zu einer weiteren Stufe der Geldentwicklung.

### 1.4 Das moderne Bankensystem

Im Laufe des 19. Jahrhunderts etablierte sich das moderne Bankensystem, bei dem Banken Kredite auf der Grundlage von Einlagen vergeben konnten. Dies ermöglichte eine Ausweitung der Geldmenge, führte jedoch auch zu neuen Herausforderungen, wie Bankenpaniken und wirtschaftlichen Krisen.

### 1.5 Die digitale Ära und Kryptowährungen

Mit dem Aufkommen des Internets und der Digitalisierung hat sich das Geldsystem erneut verändert. Digitale Währungen wie Bitcoin und Ethereum haben an Bedeutung gewonnen und bieten neue Möglichkeiten für den Geldtransfer und die Wertaufbewahrung.

### *1.6 Die Rolle der Regierungen*

Während der Entwicklung des Geldsystems übernahmen Regierungen eine immer wichtigere Rolle bei der Ausgabe von Münzen und Banknoten. Die Einführung von nationalen Währungen, die von staatlichen Behörden reguliert wurden, sorgte für Stabilität im Geldsystem und erleichterte den Handel zwischen verschiedenen Regionen und Ländern.

### *1.7 Globalisierung und der Goldstandard*

Im späten 19. und frühen 20. Jahrhundert wurde der Goldstandard weit verbreitet, bei dem Währungen einen festen Wert in Gold hatten. Dies erleichterte den internationalen Handel und führte zu einem globalen Währungssystem. Der Zusammenbruch des Goldstandards in den 1970er Jahren hatte tiefgreifende Auswirkungen auf die globale Wirtschaft und das Geldsystem.

### *1.8 Die Rolle von Zentralbanken*

Zentralbanken wurden im Laufe des 20. Jahrhunderts zu Schlüsselakteuren im Geldsystem. Sie sind verantwortlich für die Geldpolitik, die Regulierung der Geldmenge und die Stabilität der nationalen Währungen. Die Unabhängigkeit von Zentralbanken ist ein kontrovers diskutiertes Thema, da sie erheblichen Einfluss auf die Wirtschaft haben.

### *1.9 Technologische Fortschritte*

Die Entwicklungen in der Technologie haben das Geldsystem weiter vorangetrieben. Von der Einführung von Kreditkarten und elektronischen Zahlungssystemen bis hin zur Verbreitung von Online-Banking haben technologische Innovationen die Art und Weise, wie wir Geld verwalten und übertragen, grundlegend verändert.

### 1.10 Die Rolle von Finanzinstitutionen

Banken, Versicherungen und andere Finanzinstitutionen spielen eine entscheidende Rolle im Geldsystem. Sie sind nicht nur für die Aufbewahrung und den Transfer von Geld verantwortlich, sondern auch für die Vergabe von Krediten, die Kapitalmärkte und die Vermögensverwaltung.

### 1.11 Die Bedeutung von Vertrauen

Unabhängig von der Form des Geldes spielt das Vertrauen eine zentrale Rolle im Geldsystem. Die Akzeptanz und der Glaube an die Stabilität des Geldes sind entscheidend für seine Funktionsfähigkeit. Vertrauensverlust kann zu wirtschaftlichen Turbulenzen führen.

### 1.12 Wandelnde Herausforderungen

Während sich das Geldsystem im Laufe der Geschichte weiterentwickelt hat, sind immer neue Herausforderungen aufgetaucht. Diese reichen von Wirtschaftskrisen und Inflation bis hin zu neuen Technologien und sozialen Veränderungen. Die Anpassungsfähigkeit des Geldsystems bleibt daher von entscheidender Bedeutung.

In diesem Kapitel haben wir die verschiedenen Phasen der Geldentwicklung beleuchtet und die wichtige Rolle von Regierungen, Zentralbanken, Technologie und Vertrauen im Geldsystem hervorgehoben. Im nächsten Kapitel werden wir uns mit dem gegenwärtigen Geldsystem befassen und seine Stärken und Schwächen untersuchen.

## *Kapitel 2: Das gegenwärtige Geldsystem*

### 2.1 Fiat-Währungen

Unser gegenwärtiges Geldsystem basiert auf sogenannten Fiat-Währungen. Fiat-Geld hat keinen intrinsischen Wert, sondern wird von Regierungen und Zentralbanken ausgestellt und als gesetzliches Zahlungsmittel akzeptiert. Der Wert einer Fiat-Währung hängt von Vertrauen und Akzeptanz in die Regierung und das Finanzsystem ab.

## 2.2 Zentralbanken

Zentralbanken spielen eine Schlüsselrolle in unserem Geldsystem. Sie sind für die Geldpolitik verantwortlich, die Regulierung der Geldmenge und die Stabilität der Währung. Zentralbanken können Zinsraten festlegen, Währungen intervenieren und die Geldmenge kontrollieren, um wirtschaftliche Ziele zu erreichen.

## 2.3 Das Zinssystem

Das Zinssystem ist ein grundlegendes Merkmal unseres Geldsystems. Banken leihen Geld von Zentralbanken und verleihen es dann an Kunden zu höheren Zinssätzen. Dies schafft ein Anreizsystem, bei dem Geldverleih profitabel ist, aber auch zu einer Verschuldungsspirale führen kann.

## 2.4 Kreditwirtschaft

Die Kreditwirtschaft ist ein wesentlicher Bestandteil des gegenwärtigen Geldsystems. Banken und Finanzinstitute vergeben Kredite an Unternehmen und Privatpersonen, um Investitionen und Konsum zu fördern. Diese Kreditvergabe treibt das Wirtschaftswachstum an, kann aber auch zur Entstehung von Schulden führen.

## 2.5 Geldschöpfung

Das Geldsystem erlaubt Banken, Geld durch Kreditvergabe zu "schaffen". Dies bedeutet, dass Banken mehr Geld ausleihen können, als sie tatsächlich als Einlagen haben. Dieser Mechanismus kann das Wirtschaftswachstum fördern, aber auch zur Instabilität beitragen.

### 2.6 Inflation

Inflation ist ein weiteres wesentliches Merkmal unseres Geldsystems. Wenn die Geldmenge schneller wächst als die Produktionskapazität, kann es zu einem Anstieg der Preise kommen. Dies wirkt sich auf die Kaufkraft des Geldes aus und hat Auswirkungen auf Verbraucher und Unternehmen.

### 2.7 Wirtschaftliche Herausforderungen

Obwohl unser gegenwärtiges Geldsystem viele Vorteile bietet, steht es auch vor Herausforderungen. Dazu gehören Finanzkrisen, Verschuldungsspiralen, Ungleichheit und die Abhängigkeit von Zentralbanken, um wirtschaftliche Stabilität aufrechtzuerhalten.

### 2.8 Soziale Auswirkungen

Das gegenwärtige Geldsystem hat auch erhebliche soziale Auswirkungen. Ungleichheit zwischen Reich und Arm kann sich aufgrund von Kreditvergabe und Zinsen verstärken. Menschen, die Zugang zu Krediten haben, profitieren möglicherweise mehr von diesem System als diejenigen, die es nicht haben.

### 2.9 Verschuldung und Schuldenzyklus

Das gegenwärtige Geldsystem begünstigt die Entstehung von Schulden auf individueller, unternehmerischer und staatlicher Ebene. Die Kreditvergabe und die Möglichkeit, Geld zu leihen, um Investitionen zu finanzieren, sind zwar wichtig für das Wirtschaftswachstum, aber sie können auch zu einem Schuldenzyklus führen. Dieser Zyklus kann dazu führen, dass

Schulden aufgrund von Zinszahlungen immer weiter anwachsen, was langfristig zu finanzieller Instabilität führen kann.

### 2.10 Abhängigkeit von Zentralbanken

Unser Geldsystem ist stark von Zentralbanken abhängig. Diese Institutionen sind verantwortlich für die Stabilität des Finanzsystems und die Kontrolle der Geldmenge. In Krisenzeiten können sie eingreifen, um Banken zu retten und das Vertrauen der Märkte wiederherzustellen. Dies hat jedoch auch zur Kritik geführt, da einige behaupten, dass Zentralbanken zu viel Macht und Einfluss haben.

### 2.11 Globalisierung und Finanzmärkte

Unsere moderne Geldwirtschaft ist stark globalisiert. Finanzmärkte sind miteinander verknüpft, und wirtschaftliche Entwicklungen in einem Land können sich auf die ganze Welt auswirken. Dies hat sowohl Vorteile als auch Nachteile. Während internationale Handelsbeziehungen gefördert werden, können auch Finanzkrisen in einem Land globale Auswirkungen haben.

### 2.12 Finanzkrisen und Instabilität

Unsere Geschichte ist geprägt von Finanzkrisen, die durch Schwächen im gegenwärtigen Geldsystem ausgelöst wurden. Die Finanzkrise von 2008 ist ein bezeichnendes Beispiel. Sie führte zu erheblichen wirtschaftlichen Turbulenzen und verdeutlichte die

Anfälligkeit des aktuellen Systems für Instabilität.

### 2.13 Kritik am gegenwärtigen Geldsystem

Es gibt zahlreiche Kritiker des gegenwärtigen Geldsystems. Einige argumentieren, dass die Schaffung von Geld durch Kreditvergabe und das Zinssystem zu Ungleichheit und Instabilität führen. Andere sehen die Notwendigkeit einer grundlegenden Reform, um die negativen Auswirkungen des gegenwärtigen Systems zu minimieren.

### 2.14 Schlussfolgerung

Unser gegenwärtiges Geldsystem ist komplex und vielschichtig, mit vielen Vorzügen, aber auch erheblichen Herausforderungen. Die Abhängigkeit von Zentralbanken, die Verschuldung und der Schuldenzyklus, sowie die sozialen Auswirkungen des Systems sind wichtige Themen, die es zu berücksichtigen gilt. In den folgenden Kapiteln werden wir verschiedene Alternativen und Reformansätze erkunden, um die Stabilität und Nachhaltigkeit des Geldsystems zu verbessern.

## Kapitel 3: Die Bedeutung von Zinsen und Zinseszinsen

### 3.1 Die Grundlagen von Zinsen

Zinsen sind eine grundlegende Komponente unseres Geldsystems. Sie stellen den Preis für das Leihen von Geld dar. Wenn eine Person oder ein Unternehmen Geld von einer Bank oder einem Kreditgeber aufnimmt, wird dafür in der Regel ein Zinssatz vereinbart. Dieser Zinssatz gibt an, wie viel der Kreditnehmer zusätzlich zum geliehenen Betrag zurückzahlen muss.

### 3.2 Zinseszinsen

Eine besonders wichtige Facette des Zinssystems ist der Zinseszins. Dies bedeutet, dass die Zinsen, die auf einen geliehenen Betrag gezahlt werden, selbst wiederum verzinst werden. Dadurch wächst die ursprüngliche Schuld im Laufe der Zeit exponentiell. Dieses Prinzip kann zu erheblicher Verschuldung führen, insbesondere wenn Kredite über lange Zeiträume aufgenommen werden.

### 3.3 Die Rolle von Zinsen in der Wirtschaft

Zinsen beeinflussen sowohl Verbraucher als auch Unternehmen und die gesamte Wirtschaft. Hohe Zinssätze können die Kreditvergabe verteuern, was wiederum die Investitionen und den Konsum beeinflusst. Niedrige Zinssätze können die Wirtschaft ankurbeln, indem sie Kredite erschwinglicher machen.

### 3.4 Zinsen und die Verschuldungsspirale

Der Zinseszins kann dazu führen, dass Schulden sich über die Zeit hinweg stark akkumulieren. Dies kann zu einer Verschuldungsspirale führen, bei der die Tilgung von Schulden immer mehr Einkommen erfordert, was die finanzielle Belastung für Einzelpersonen und Unternehmen erhöht.

### 3.5 Einfluss auf die Ungleichheit

Zinsen können auch zur Verstärkung von Einkommens- und Vermögensungleichheit beitragen. Menschen mit Zugang zu günstigen Krediten können Vermögen aufbauen und investieren, während diejenigen, die auf teurere Kredite angewiesen sind, Schwierigkeiten haben können, finanziell voranzukommen.

### 3.6 Die Auswirkungen auf Sparvermögen

Niedrige Zinsen können die Rendite von Spar- und Anlagekonten reduzieren, was insbesondere für Rentner und Sparer problematisch sein kann. Dies führt dazu, dass Menschen nach alternativen Investitionsmöglichkeiten suchen, um eine angemessene Rendite zu erzielen.

### 3.7 Kritik am Zinssystem

Das Zinssystem ist Gegenstand zahlreicher Kontroversen und Kritik. Einige argumentieren, dass es zur finanziellen Ausbeutung und zur Verschuldung beiträgt, während andere behaupten, es sei notwendig, um das Wirtschaftssystem am Laufen zu halten.

### 3.8 Reformansätze

Es gibt verschiedene Vorschläge zur Reform des Zinssystems, darunter alternative Wirtschaftsmodelle, die auf Zinsen verzichten, oder die Umstellung auf negative Zinsen, um Anreize für Ausgaben anstelle von Sparen zu schaffen.

### 3.9 Langfristige Auswirkungen

Die langfristigen Auswirkungen von Zinsen und Zinseszinsen

sind bedeutend. Wenn Schulden über lange Zeiträume hinweg akkumuliert werden, kann dies zu einer erheblichen finanziellen Belastung führen. Menschen und Unternehmen müssen immer mehr von ihrem Einkommen für die Rückzahlung von Schulden aufwenden, was die finanzielle Flexibilität und den wirtschaftlichen Aufstieg beeinträchtigen kann.

### 3.10 Auswirkungen auf Investitionen

Zinsen beeinflussen auch die Investitionsentscheidungen von Unternehmen. Hohe Zinssätze können Investitionen unattraktiv machen, da die Kosten für die Kapitalbeschaffung steigen. Niedrige Zinssätze hingegen können Anreize für Investitionen schaffen und das Wirtschaftswachstum fördern.

### 3.11 Alternativen zum traditionellen Zinssystem

Es gibt alternative Wirtschaftsmodelle, die ohne traditionelle Zinsen auskommen. Zum Beispiel setzen einige Gemeinschaften auf zinsfreie Kreditgenossenschaften oder auf Ethikbanken, die soziale und ökologische Aspekte bei der Kreditvergabe berücksichtigen. Diese Modelle zielen darauf ab, die negativen Auswirkungen des Zinssystems zu minimieren.

### 3.12 Negative Zinsen

Einige Länder haben bereits negative Zinssätze eingeführt, bei denen Geld auf Bankkonten im Laufe der Zeit schrumpft, anstatt zu wachsen. Dies soll Anreize schaffen, Geld auszugeben und zu investieren, anstatt es zu horten. Negative Zinsen sind jedoch ebenfalls umstritten und können negative Auswirkungen auf das Sparvermögen haben.

### 3.13 Globale Perspektiven

Die Bedeutung von Zinsen und Zinseszinsen erstreckt sich über nationale Grenzen hinaus. Internationale Finanzinstitutionen und Zentralbanken haben erheblichen Einfluss auf die Geldpolitik und Zinssätze weltweit. Dies hat Auswirkungen auf die globalen Finanzmärkte und die Wirtschaft.

### 3.14 Herausforderungen und Chancen

Die Bedeutung von Zinsen und Zinseszinsen im gegenwärtigen Geldsystem wirft Herausforderungen auf, insbesondere in Bezug auf die Verschuldung und Ungleichheit. Gleichzeitig bieten sie Chancen zur wirtschaftlichen Steuerung und zur Förderung von Investitionen und Konsum.

### 3.15 Schlussfolgerung

Die Auswirkungen von Zinsen und Zinseszinsen sind vielschichtig und haben sowohl positive als auch negative Seiten. Die Diskussion darüber, wie das Zinssystem gestaltet sein sollte, um die wirtschaftlichen und sozialen Herausforderungen anzugehen, wird fortgesetzt. Im nächsten Kapitel werden wir uns den Problemen unseres gegenwärtigen Geldsystems widmen und mögliche Alternativen und Reformen diskutieren.

## Kapitel 4: Die Probleme unseres gegenwärtigen Geldsystems

### 4.1 Die Verschuldungsspirale

Eine der gravierendsten Probleme unseres gegenwärtigen Geldsystems ist die Verschuldungsspirale. Aufgrund des Zinssystems und des Zinseszinseffekts werden Schulden über die Zeit hinweg immer größer. Dies kann dazu führen, dass Einzelpersonen, Unternehmen und sogar Staaten Schwierigkeiten haben, ihre Schulden abzuzahlen und in eine endlose Schuldenspirale geraten.

### 4.2 Ungleichheit

Das gegenwärtige Geldsystem hat dazu beigetragen, die Einkommens- und Vermögensungleichheit zu verschärfen. Menschen mit Zugang zu günstigen Krediten und Anlagemöglichkeiten können ihr Vermögen steigern, während diejenigen, die auf teure Kredite angewiesen sind, finanziell benachteiligt sind. Dies kann die soziale Ungleichheit in der Gesellschaft verstärken.

### 4.3 Inflation

Inflation ist ein weiteres Problem, das unser Geldsystem begleitet. Wenn die Geldmenge schneller wächst als die Produktionskapazität der Wirtschaft, steigen die Preise für Waren und Dienstleistungen. Dies kann die Kaufkraft des Geldes verringern und die Lebenshaltungskosten für Verbraucher erhöhen.

### 4.4 Finanzkrisen

Unser Geldsystem ist anfällig für Finanzkrisen, wie die Finanzkrise von 2008 gezeigt hat. Die hohe Verschuldung, spekulative Blasen und übermäßige Risikobereitschaft können zu schwerwiegenden wirtschaftlichen Turbulenzen führen, die sich auf die gesamte Gesellschaft auswirken.

### 4.5 Abhängigkeit von Zentralbanken

Unsere Wirtschaft ist stark von Zentralbanken abhängig, die die Geldpolitik und die Stabilität des Finanzsystems überwachen. Die Entscheidungen von Zentralbanken, wie Zinssatzänderungen und quantitative Lockerungsmaßnahmen, haben weitreichende Auswirkungen auf die Wirtschaft und die Finanzmärkte. Die Abhängigkeit von diesen Institutionen birgt Risiken und Herausforderungen.

### 4.6 Umweltauswirkungen

Unser gegenwärtiges Geldsystem berücksichtigt oft nicht die Umweltauswirkungen wirtschaftlicher Entscheidungen. Dies kann zu Umweltschäden und Ressourcenverschwendung führen, da wirtschaftliche Anreize häufig nicht mit ökologischer Nachhaltigkeit in Einklang stehen.

### 4.7 Soziale Auswirkungen

Die sozialen Auswirkungen unseres Geldsystems sind vielfältig. Die finanzielle Belastung durch hohe Verschuldung, die Verschärfung der Ungleichheit und der Zugang zu Finanzdienstleistungen sind entscheidende Faktoren, die die Lebensqualität und das Wohlbefinden der Gesellschaft beeinflussen.

## 4.8 Globale Auswirkungen

Die Probleme unseres gegenwärtigen Geldsystems erstrecken sich über nationale Grenzen hinaus. Internationale Finanzmärkte und globale Wirtschaftsbeziehungen bedeuten, dass wirtschaftliche Turbulenzen in einem Land sich auf andere Länder auswirken können. Finanzkrisen können sich schnell über die Welt verbreiten und schwerwiegende globale Auswirkungen haben.

## 4.9 Schulden und Staatsverschuldung

Staaten haben oft erhebliche Schulden, die durch Haushaltsdefizite und staatliche Kreditaufnahme entstehen. Die Bewältigung der Staatsverschuldung ist eine komplexe Angelegenheit und kann dazu führen, dass Regierungen auf Sparmaßnahmen und Steuererhöhungen zurückgreifen, was wiederum soziale Auswirkungen hat.

## 4.10 Banken und Finanzinstitute

Die Rolle von Banken und Finanzinstituten im gegenwärtigen Geldsystem wirft auch Herausforderungen auf. Einige Banken haben in der Vergangenheit riskante Geschäftspraktiken verfolgt, was zu Finanzkrisen geführt hat. Die Regulierung des Bankensektors ist daher von großer Bedeutung, um die Stabilität des Finanzsystems sicherzustellen.

## 4.11 Nachhaltigkeit

Unser gegenwärtiges Geldsystem legt oft den Fokus auf kurzfristige Gewinne und wirtschaftliches Wachstum, ohne ausreichend auf Nachhaltigkeit und Umweltauswirkungen zu achten. Dies kann zu Umweltschäden, Ressourcenknappheit und sozialen Ungerechtigkeiten führen.

### 4.12 Die Rolle der Finanzmärkte

Finanzmärkte spielen eine entscheidende Rolle im gegenwärtigen Geldsystem. Spekulation und hochfrequenter Handel können zu Volatilität und Ungerechtigkeiten auf den Märkten führen. Die Abhängigkeit von Finanzmärkten als Maßstab für den wirtschaftlichen Erfolg birgt Risiken.

### 4.13 Reformansätze und Alternativen

Vor dem Hintergrund der Probleme unseres gegenwärtigen Geldsystems gibt es zahlreiche Vorschläge zur Reform und Alternativen. Dazu gehören Ideen wie eine Vollgeldreform, die Einführung von Kryptowährungen, die Förderung von lokalen Währungen und nachhaltige Finanzierungsmodelle.

### 4.14 Schlussfolgerung

Unser gegenwärtiges Geldsystem steht vor einer Vielzahl von Herausforderungen, darunter Verschuldung, Ungleichheit, Inflation, Abhängigkeit von Zentralbanken und Umweltauswirkungen. Diese Probleme sind komplex und vielschichtig, und es besteht die Notwendigkeit, alternative Ansätze und Reformen zu prüfen, um ein stabileres und nachhaltigeres Geldsystem zu schaffen. Im nächsten Kapitel werden wir einen Blick in die Zukunft werfen und darüber spekulieren, wie sich das Geldsystem in den kommenden Jahren entwickeln könnte.

## Kapitel 6: Die Zukunft des Geldes

### 6.1 Digitalisierung und Kryptowährungen

Die Digitalisierung wird eine Schlüsselrolle in der Zukunft des Geldes spielen. Kryptowährungen wie Bitcoin und Ethereum haben bereits gezeigt, dass sie das Potenzial haben, herkömmliche Währungen zu ergänzen oder zu ersetzen. Die Blockchain-Technologie, auf der Kryptowährungen basieren, ermöglicht sichere und schnelle Transaktionen und bietet Möglichkeiten für dezentralisierte Finanzdienstleistungen.

### 6.2 Zentralbank-Digitalwährungen (CBDCs)

Zentralbanken auf der ganzen Welt erforschen die Einführung von Zentralbank-Digitalwährungen (CBDCs). Diese digitalen Währungen wären von staatlicher Stelle ausgegeben und könnten das herkömmliche Bankwesen und die Geldpolitik grundlegend verändern. CBDCs könnten die Sicherheit und Effizienz von Zahlungen erhöhen, bergen jedoch auch Fragen zur Privatsphäre und zur Kontrolle des Geldflusses.

### 6.3 Finanzinclusion und Zugänglichkeit

Die Digitalisierung des Geldwesens kann dazu beitragen, die finanzielle Inklusion zu fördern, indem sie Menschen in entlegenen Gebieten Zugang zu Finanzdienstleistungen ermöglicht. Mobile Zahlungssysteme und digitale Brieftaschen eröffnen neue Möglichkeiten für die Teilnahme am globalen

Wirtschaftssystem.

### 6.4 Umwelt und Nachhaltigkeit

Die Zukunft des Geldes wird voraussichtlich stärker auf Nachhaltigkeit ausgerichtet sein. Die Einführung von Umweltauflagen und die Förderung nachhaltiger Investitionen könnten dazu beitragen, die Umweltauswirkungen des Geldsystems zu minimieren.

### 6.5 Herausforderungen und Risiken

Mit den Veränderungen im Geldsystem ergeben sich auch Herausforderungen und Risiken. Cyberkriminalität und Betrug sind weiterhin bedeutsame Probleme. Zudem könnten neue Formen von Finanzkrisen oder wirtschaftlichen Turbulenzen entstehen, wenn die Veränderungen nicht angemessen gestaltet sind.

### 6.6 Bildung und Vorbereitung

Die Zukunft des Geldes erfordert eine kontinuierliche Bildung und Vorbereitung. Verbraucher und Unternehmen sollten sich über die Entwicklungen im Geldwesen informieren und sicherstellen, dass sie die erforderlichen Fähigkeiten und Kenntnisse besitzen, um die Vorteile der neuen Technologien und Finanzdienstleistungen zu nutzen.

### 6.7 Regulierung und Politik

Die Regulierung des Geldwesens wird entscheidend sein, um die Stabilität und Sicherheit des Systems zu gewährleisten.

Regierungen und internationale Organisationen müssen geeignete Rahmenbedingungen schaffen, um die positiven Aspekte der Veränderungen im Geldsystem zu fördern und gleichzeitig die Risiken zu minimieren.

### 6.8 Goldgedeckte Währungen

Die Idee von goldgedeckten Währungen könnte in der Zukunft eine Renaissance erleben. Historisch gesehen waren viele Währungen, wie der US-Dollar, an einen bestimmten Goldwert gebunden, was für Stabilität und Vertrauen in das Geldsystem sorgte. In jüngster Zeit haben einige Stimmen vorgeschlagen, zu einem solchen System zurückzukehren oder digitale Währungen mit Goldreserven zu hinterlegen.

### 6.9 Dezentralisierte Finanzdienstleistungen (DeFi)

Dezentralisierte Finanzdienstleistungen (DeFi) sind ein aufstrebender Bereich im Geldwesen. Sie basieren auf Blockchain-Technologie und bieten Peer-to-Peer-Finanzdienstleistungen, ohne dass traditionelle Finanzintermediäre wie Banken benötigt werden. DeFi-Plattformen ermöglichen Kreditvergabe, Sparen, Investieren und den Handel mit Kryptowährungen, wobei Benutzer die volle Kontrolle über ihre Finanzen haben.

### 6.10 Künstliche Intelligenz und Automatisierung

Die Integration von künstlicher Intelligenz und Automatisierung in Finanzdienstleistungen wird die Zukunft des Geldes prägen. Robo-Advisors können beispielsweise Anlageentscheidungen auf Grundlage von Algorithmen und Datenanalysen treffen. Die Nutzung von Big Data und Machine Learning wird die Finanzdienstleistungen weiter optimieren und personalisieren.

### 6.11 Globale Vernetzung

Die Globalisierung des Geldwesens wird weiter voranschreiten. Die grenzüberschreitenden Transaktionen werden schneller und kostengünstiger, und internationale Währungen könnten zunehmend digitalisiert werden. Die Entwicklungen in der Zahlungstechnologie und in der grenzüberschreitenden Wirtschaft werden das Geldsystem noch enger miteinander verknüpfen.

### 6.12 Bildung und Verantwortung

In der Zukunft des Geldes wird Bildung und finanzielle Verantwortung eine zentrale Rolle spielen. Menschen sollten sich über die Veränderungen im Geldsystem informieren und ihre finanzielle Bildung vertiefen. Der verantwortungsvolle Umgang mit neuen Technologien und Finanzdienstleistungen wird entscheidend sein, um finanzielle Sicherheit und Stabilität zu gewährleisten.

### 6.13 Regulierung und Governance

Die Regulierung und Governance der Finanzbranche werden in der Zukunft des Geldes von großer Bedeutung sein. Die Gesetzgebung und die Regulierungsbehörden müssen sich den neuen Entwicklungen und Herausforderungen anpassen, um die Sicherheit und Stabilität des Geldsystems zu gewährleisten, ohne die Innovationskraft zu ersticken.

### *6.14 Zusammenfassung*

Die Zukunft des Geldes verspricht tiefgreifende Veränderungen, von der Digitalisierung und Kryptowährungen bis hin zu goldgedeckten Währungen und DeFi. Um die Vorteile dieser Entwicklungen zu nutzen und die damit verbundenen Risiken zu minimieren, ist eine umfassende Vorbereitung und Bildung erforderlich. Regierungen und Regulierungsbehörden müssen eine ausgewogene Regulierung sicherstellen, um die Stabilität des Geldsystems zu gewährleisten. Letztendlich wird die Zukunft des Geldes von der Anpassungsfähigkeit und der Innovationskraft der Gesellschaft abhängen.

## *Fazit*

In diesem E-Book haben wir das komplexe Thema des Geldes von verschiedenen Perspektiven beleuchtet und insbesondere die Schwächen und Herausforderungen unseres gegenwärtigen Geldsystems eingehend untersucht. Es ist offensichtlich, dass unser aktuelles Geldsystem, basierend auf Fiat-Währungen, Zentralbanken und einem Zinssystem, mit einer Reihe von Problemen konfrontiert ist, die sowohl die wirtschaftliche Stabilität als auch die soziale Gerechtigkeit beeinflussen.

Die Verschuldungsspirale, die wachsende Ungleichheit, die Auswirkungen von Inflation und die Abhängigkeit von Zentralbanken sind nur einige der Problemfelder, die wir behandelt haben. Diese Schwächen verlangen nach einer intensiven Diskussion über Reformen und Alternativen, um ein Geldsystem zu schaffen, das den Bedürfnissen der Gesellschaft besser gerecht wird.

Die Zukunft des Geldes verspricht tiefgreifende Veränderungen, angefangen bei der Digitalisierung und der Verbreitung von

Kryptowährungen bis hin zu goldgedeckten Währungen und DeFi. Diese Entwicklungen bieten sowohl Chancen als auch Risiken und erfordern eine umfassende Vorbereitung und Bildung. Die Rolle der Regulierung und Governance in dieser Zukunft ist von entscheidender Bedeutung, um die Sicherheit und Stabilität des Geldsystems zu gewährleisten, ohne die Innovationskraft zu ersticken.

Es ist an der Zeit, die Probleme unseres gegenwärtigen Geldsystems anzuerkennen und aktiv nach Lösungen zu suchen. Die Schaffung eines gerechteren und stabileren Geldsystems, das die wirtschaftlichen und sozialen Bedürfnisse der Gesellschaft besser erfüllt, ist eine gemeinsame Herausforderung. Dies erfordert die Zusammenarbeit von Regierungen, Finanzinstituten, Technologieunternehmen und der Gesellschaft insgesamt.

Die Zukunft des Geldes ist von Unsicherheit geprägt, aber sie bietet auch die Möglichkeit, die Art und Weise, wie wir mit Geld umgehen, grundlegend zu verändern. Um diese Chance zu nutzen und die Herausforderungen zu meistern, ist eine offene und informierte Diskussion unerlässlich. Wir sind alle Teil des Geldsystems, und es liegt an uns, es zu gestalten und zu verbessern, damit es gerechter, nachhaltiger und zukunftsfähig wird.

In der Auseinandersetzung mit der Zukunft des Geldes ist es unerlässlich, das Bewusstsein für die verschiedenen Optionen und Ansätze zu schärfen. Es ist wichtig zu verstehen, dass es nicht die eine "richtige" Lösung gibt, sondern vielmehr eine Vielzahl von Möglichkeiten und Herangehensweisen, die je nach Kontext und Zielsetzung in Betracht gezogen werden sollten.

Die Debatte über die Zukunft des Geldes betrifft uns alle, unabhängig von unserem Hintergrund und unserer Expertise. Es ist eine Thematik, die von Individuen, Gemeinschaften, Unternehmen und Regierungen gleichermaßen in Angriff genommen werden sollte. Die Bürger haben die Möglichkeit, aktiv an dieser Diskussion teilzunehmen, sei es durch die

Unterstützung von Initiativen zur finanziellen Bildung, die Beteiligung an Projekten im Bereich der Kryptowährungen oder die Einflussnahme auf politische Entscheidungsträger, um sicherzustellen, dass die Interessen der Gesellschaft berücksichtigt werden.

Die Zukunft des Geldes bietet auch Raum für Innovation und unternehmerische Tätigkeit. In dieser Phase des Wandels können Unternehmen und Start-ups neue Produkte und Dienstleistungen entwickeln, die den Anforderungen der modernen Finanzwelt gerecht werden. Dies eröffnet Chancen für Wachstum, Beschäftigung und den Ausbau des Finanzsektors.

Abschließend ist festzuhalten, dass die Zukunft des Geldes eine der zentralen Herausforderungen des 21. Jahrhunderts ist. Es ist an der Zeit, unser Geldsystem zu überdenken und nachhaltigere und gerechtere Modelle zu erforschen. Dies erfordert die aktive Beteiligung und das Engagement von Einzelpersonen, Organisationen und Regierungen auf der ganzen Welt. Die Zukunft des Geldes ist nicht vorhersehbar, aber sie ist gestaltbar. Jetzt ist der richtige Zeitpunkt, um sich an dieser wichtigen Diskussion zu beteiligen und gemeinsam an Lösungen zu arbeiten, die die Bedürfnisse der Gesellschaft respektieren und das Wohlstandspotenzial für alle maximieren.